AF230583

LA PIRATERIE

AU TONKIN

PARIS
11, Place St-André-des-Arts.

LIMOGES
46, Nouvelle route d'Aixe, 46,

IMPRIMERIE ET LIBRAIRIE MILITAIRES

Henri CHARLES-LAVAUZELLE

ÉDITEUR

1891

PIRATERIE AU TONKIN

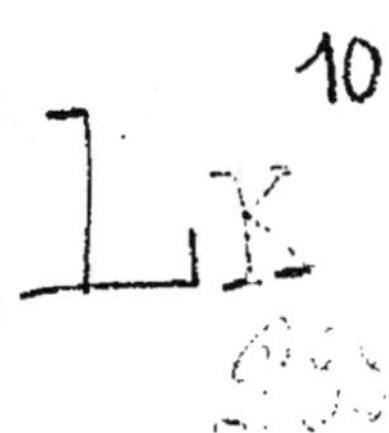

DOCUMENTS HISTORIQUES

LA PIRATERIE

AU TONKIN

PARIS
11, *Place St-André-des-Arts.*　LIMOGES
Nouvelle route d'Aixe, 46.

IMPRIMERIE ET LIBRAIRIE MILITAIRES
Henri CHARLES-LAVAUZELLE
Éditeur

1891

LA PIRATERIE AU TONKIN

PRÉAMBULE

Des nouvelles venues dernièrement de l'Indo-Chine, quelques journaux ont cru pouvoir conclure que :

« Ce n'est pas par des expéditions militaires que nous réduirons les bandes chinoises existant encore au Tonkin et qui y étaient établies avant nous. Ces bandes sont composées de rebelles à la loi chinoise, ayant passé la frontière pour échapper à ses rigueurs. Il ne faut pas songer à les refouler jusqu'au Céleste-Empire. En les amenant à faire leur soumission et en leur donnant le droit d'occuper certaines régions, dont on leur laisserait en partie l'administration sous le contrôle de nos fonctionnaires, nous ferons cesser toute résistance de leur part et nous trouverons en eux des auxiliaires pour mettre en valeur certaines régions dont la richesse agricole est reconnue.

» Dans la région de Cho-Chu, Cho-Moi, le chef chinois Luong-Tam-Ky, contre lequel nous nous sommes

longtemps épuisés en luttes stériles et coûteuses, a
fait sa soumission. Aujourd'hui, toute la région de
Cho-Chu est calme ; les travaux ont repris, et Luong-
Tam-Ky, auquel un grade a été donné dans l'administration indigène, assure, sous le contrôle d'un chance-
lier détaché de la résidence de Thaï-Nguyen, la per-
ception des taxes et la réorganisation administrative
du pays. »

Cette théorie, préconisée de tout temps par l'ex-
gouverneur général, lui a très mal réussi.

Après avoir obtenu la signature du décret du 3 février 1890, qui lui donnait tous les pouvoirs militaires,
M. Piquet en a usé de telle sorte que, six mois plus
tard, il était obligé de rendre au général Bichot, commandant en chef les troupes de l'Indo-Chine, sa complète liberté d'action. Les pirates, sûrs de l'impunité,
s'étaient tellement enhardis que Hanoï, la capitale, re-
doutait un coup de main. Les expéditions, qu'on
n'avait pas faites au printemps, durent être entreprises
à l'automne ; seulement, l'ennemi à combattre était
plus fort, plus audacieux, mieux organisé que six mois
plus tôt ; aussi nos pertes furent-elles autrement sensi-
bles qu'elles ne l'eussent été si nous avions opéré
quand il le fallait.

Faire cesser la piraterie en procurant du travail aux
pirates est une thèse séduisante, soutenue par les
journaux locaux qui s'inspiraient de la politique du
gouverneur ; nos fonctionnaires, nos ingénieurs, s'y
seraient probablement laissé prendre si la France
avait donné au Tonkin les millions qu'il réclamait

pour ses travaux publics, et cependant ceux qui connaissent le mieux le pays, les industriels établis en Indo-Chine depuis de longues années, se sont toujours gardés d'adopter, pour leur compte, les théories de M. Piquet.

Leur réserve aurait suffi à porter le doute dans nos esprits si nous n'avions su à l'avance qu'aux yeux de l'ex-gouverneur général le pirate était un être semblable à lui-même où qu'on le prenne, au nord, au sud, à l'est ou à l'ouest du Tonkin ; or rien n'est plus faux. Si M. Piquet s'en est enfin aperçu, la vérité se sera faite trop tard pour lui : il est maintenant en route pour la France. Puisse son successeur, non encore désigné, ne pas se montrer aussi aveugle que lui !

Pour combattre avec avantage, la première condition c'est de savoir à qui on a affaire. Partant de ce principe, le général Bichot avait fait faire le relevé aussi complet que possible des différentes bandes de pirates qui infestaient le pays. A priori, ce qu'il demandait semblait impraticable. En y réfléchissant cependant, on arrive à se convaincre qu'une bande ne naît pas spontanément, qu'il lui faut du temps pour se réunir, que certains personnages de cette bande sont forcément des bandits renommés sur lesquels on a déjà quelques notions, que les différents groupes de pirates sont trop faibles comme effectifs et composés de gens trop ignorants en géographie pour qu'ils puissent se déplacer beaucoup, qu'à l'exemple du cerf ces bandes doivent se faire chasser dans un cercle plus ou moins étendu, toujours le même, avoir des repaires pour y cacher leurs provisions et leurs munitions, et on en conclura que le travail prescrit par le général Bichot à ses subordonnés était aussi réalisable que son désir de connaître son ennemi par le menu était logique.

En fait, quand, après de longs mois d'études, après avoir vérifié et contrôlé de mille façons les renseignements plus ou moins contradictoires obtenus tout d'abord, on piqua sur la carte l'emplacement des principales bandes, la vérité, vaguement entrevue, se fit jour.

Les bandes, resserrées ici, devaient obéir aux mêmes mobiles, avoir des rapports entre elles et former une sorte de confédération. Pour en attaquer une, il fallait agir avec des forces supérieurs à leur ensemble; disséminées là-bas, au contraire, c'est-à-dire sans liaison, il suffisait de marcher à leur rencontre avec peu de monde. La carte indiquait du même coup le répartissement rationnel à adopter pour les troupes et le mode d'action à employer soit dans les reconnaissances, soit dans les combats, d'après la nature connue d'un ennemi voisin. Là, on était sûr de n'avoir devant soi que des Annamites ; ailleurs, des Annamites et des Chinois ; plus loin, des Chinois fixés à demeure ou bien des Chinois en relations constantes avec leur pays d'origine.

En opérant méthodiquement, même avec les effectifs restreints actuels, il est hors de doute que le Tonkin pourrait être complètement pacifié dans un très petite nombre d'années. Mais, pour arriver à ce résultat, il faudra ne pas imiter M. Piquet : confondre tous les pirates sous une même appellation et croire que le moyen qui a réussi pour réduire les uns réussira également pour réduire les autres.

Nous passerons en revue, dans les chapitres suivants, les différents groupes rebelles qui nous font encore échec au Tonkin.

CHAPITRE Ier

REBELLES DU SUD-OUEST

Le delta du fleuve Rouge est un ancien golfe comblé par les apports du fleuve et par ceux de la rivière Noire et de la rivière Claire, aujourd'hui ses affluents de droite et de gauche, qui, autrefois, se rendaient directement à la mer. Un quatrième grand cours d'eau, le Loch-Nam, venant de l'est, se jette également dans le golfe du Tonkin après s'être anastomosé avec les divers bras du fleuve Rouge.

Le delta, plaine plate comme la Flandre ou la Hollande et aussi fertile qu'elles, est entouré à l'ouest, au nord et à l'est de montagnes de marbre, à parois verticales pour la plupart, coupées de ravins étroits dans lesquels courent des ruisseaux torrentueux. A l'ouest, cependant, la province de Nam Dinh, dans sa partie qui avoisine la mer, est riche et soude naturellement le delta au pays du Thanh-Hoa, au nord de l'Annam. Géographiquement, le Thanh-Hoa appartient au Tonkin ; les rebelles passent avec la plus grande facilité du Thanh-Hoa dans la région de Nam-Dinh, et réciproquement.

La grande majorité des Annamites de ces deux provinces ont accepté la domination française. Il s'y rencontre encore cependant quelques partisans des anciens rois, prêts sinon à prendre les armes, du moins
à favoriser ceux de leurs rares compatriotes qui ont le
courage de lever l'étendard de la révolte. Ces derniers
recrutent leurs bandes principalement parmi les
Mans, habitants de la montagne n'appartenant pas à
la même race que les Annamites de la plaine.

L'insurrection est loin d'être permanente dans ces
provinces. De temps à autre, un chef organise une
bande qu'il solde régulièrement, au début du moins,
de même qu'il paie exactement aux habitants paisibles
toutes les denrées dont il a besoin. Après un ou deux
mois de campagne, généralement, les fonds sont épuisés et la bande pille pour vivre; elle va alors s'égre-
nant peu à peu jusqu'au jour où elle disparaît définitivement. Ce résultat arrive infailliblement plus ou
moins tôt si des troupes sérieuses poursuivent les pillards. Lorsque ceux-ci n'ont affaire qu'aux miliciens,
leurs exploits durent beaucoup plus longtemps, témoin
la bande du chef Cao-Dien levée à la fin de 1889 et qui
existe encore aujourd'hui, les troupes régulières ayant
été remplacées dans le Thanh-Hoa par les gardes
civils.

La meilleure administration du monde ne prévien-
dra pas les révoltes des patriotes du sud-ouest. On
peut agir par la persuasion sur quelques-uns de leurs
chefs connus pour nous être hostiles, on peut essayer
de les gagner à prix d'argent, mais fatalement un cer-

tain nombre d'entre eux échappera toujours à nos avances et le meilleur moyen de les retenir dans le devoir consiste à maintenir dans le pays un noyau suffisant de troupes régulières. Il est certain qu'à la longue ces provinces deviendront complètement tranquilles.

CHAPITRE II

Les pirates au sud et à l'ouest de Sontay, opérant dans la direction de Nam-Dinh et sur le cours inférieur de la rivière Noire, avaient complètement disparu depuis quelques années. Les insultes dont le poste de Sontay a été récemment l'objet et le massacre des gardes civils de Cho-Bo, sur la rivière Noire, prouvent que malheureusement ils ont fait leur réapparition.

Leurs bandes sont composées en presque totalité de montagnards Muongs, ignorants, pauvres, mal armés, que des meneurs jettent hors de chez eux, comme les pirates du Thanh Hoa, en exploitant leur misère ou leur fidélité au roi légitime. Il est rare qu'une bande de cent hommes dispose de plus de dix fusils; on n'a à redouter d'elle que juste ce qu'il lui faut de pillage pour vivre maigrement, mais sa présence, pour n'être pas une menace, est une cause permanente de trouble et d'inquiétude, qu'il faut faire cesser rapidement, car nos partisans annamites seraient tentés de croire à notre faiblesse.

Ces bandes misérables sont très difficiles à atteindre ; leur armement leur interdit toute tentative de résistance : elles fuient, se dissimulent, sûres de ne pas être suivies, dans leurs affreuses montagnes, d'où la faim les force bientôt à sortir, mais qui sont trop étendues pour être bloquées utilement. La présence de trois ou quatre pelotons de tirailleurs établis dans autant de postes suffisait à tenir les Muongs dans le respect ; leur remplacement par les gardes civils, pour la valeur militaire desquels les indigènes ne professent pas une grande estime, a été le signal de la révolte. Quelques mesures énergiques des autorités civiles à l'égard des pourvoyeurs, notoirement connus, des rebelles, appuyées par la présence de deux compagnies, remettraient sûrement les choses en état.

Là comme au Thanh-Hoa, il faudra très longtemps encore laisser un faible noyau de troupes. Sachons voir franchement ce qui est ; dans les régions qui confinent à l'Annam, nous avons à lutter contre un sentiment national analogue à celui qui a fait tant de fois prendre les armes aux Arabes après notre conquête de l'Algérie. Au nord de l'Afrique, les rébellions ont cessé seulement quand les Arabes ont été bien convaincus de leur impuissance, à la suite d'échecs répétés et surtout par la présence du grand nombre de nos soldats. On ne pense pas assez que nous avons eu en Algérie une armée de plus de 70,000 hommes et que nous n'avons réussi à étouffer toute tentative de révolte qu'en opposant au sentiment national celui de la peur causée par la vue de nos troupes ; il en sera de même au Tonkin ; seulement, comme la race annamite est très loin d'être aussi guerrière et énergique que la race arabe, il nous suffira de compagnies là où, en Algérie, il nous fallait des régiments.

———

CHAPITRE III

Ce groupe de pirates est l'un des plus importants du
Tonkin ; il sera certainement le plus long à réduire.
On le rencontre, sur la rive du fleuve Rouge, du con-
fluent de la rivière Noire à notre poste d'Yen-Baï, au
nord, sur une longueur de 60 kilomètres. Il est rare
que les pirates passent le fleuve pour opérer sur la rive
gauche ou qu'ils pillent les jonques de commerce.
Cette région ne renferme pas moins de huit bandes se
prêtant secours entre elles ; les plus voisines d'Yen-
Baï paraissent même avoir des liens plus intimes et
obéir à un chef commun, nommé Quyen-Ao.

Comme dans les deux groupes précédents, les Annamites qui composent ces bandes sont des rebelles
animés, — c'est certain, — beaucoup plus par le désir
de vivre sans travailler que par le sentiment national
dont ils se parent ; ils l'entretiennent toutefois chez
leurs compatriotes, qui leur paient volontiers les impôts exigés d'eux. Si la pacification ne s'est pas faite
là en même temps que dans le delta, malgré l'occupation très serrée du pays, que les effectifs de 1886 ont

permis de réaliser pendant quelque temps, il faut en
chercher la raison dans la nature du sol de cette région,
couverte de forêts, coupée de ravins profonds, parse-
mée de marécages, possédant à peine quelques sen-
tiers.

Quand, pour pacifier un pays, on dispose de faibles
effectifs, on est réduit à tenir son monde concentré et
à ne marcher avec lui que sur les points où les fer-
ments de rébellion les plus dangereux sont signalés;
quand on dispose d'effectifs considérables, on peut au
contraire répartir ses troupes en un grand nombre de
garnisons, et leur présence seule maintient les populations hostiles dans le devoir. La seconde méthode, si
on peut l'appliquer, est donc bien préférable à la première, puisqu'on prévient les tentatives de révolte au
lieu de les réprimer; elle nous a admirablement réussi
en Tunisie.

Néanmoins, une occupation serrée ne produit tous
les fruits qu'on en attend que si elle dure un temps
suffisant. Or, non seulement la région de Hungh-Hoa,
à cause des difficultés de son sol, a été occupée d'une
façon plus lâche qu'il ne l'aurait fallu, mais chaque
jour voit diminuer le nombre des postes militaires du
fleuve Rouge : Ngoc-Tap, Phuong-Vuc, Cam-Khé,
Than-Ba, Van-Ban, Ngoï-Lao, qui, avec Hungh-Hoa
et Yen-Baï, constituaient les différents centres d'action
organisés sur cette partie du cours du fleuve Rouge,
sont successivement remis aux gardes civils. Il n'y
aurait que demi-mal si ceux-ci continuaient les errements des troupes régulières; malheureusement, ainsi

qu'on l'a vu, ils n'ont pas grand prestige auprès des re-belles ; aussi le plus souvent restent-ils prudemment dans leurs postes, si bien que la rébellion gagne de plus en plus.

Une occupation militaire très sérieuse et une action incessante et sans pitié de l'autorité civile auront seules raison des pirates de Hungh-Hoa, et encore faudra-t-il un ou deux ans de ce régime pour que tout ferment de révolte disparaisse du pays.

CHAPITRE IV

La partie du Tonkin qui avoisine le Laos est très médiocrement peuplée. Les rares Muongs qui l'habitent n'ont jamais été soumis que de nom à l'Annam ; ils ont continué à obéir à des chefs héréditaires. Avec de la diplomatie, on devait pouvoir amener peu à peu tous ces chefs à nous donner des gages de leur fidélité ; c'est ce qui est arrivé grâce aux efforts de M. Pavie, l'explorateur du Laos, notre consul à Luong-Prabang, et du lieutenant-colonel Pennequin, qui était encore, en 1890, résident militaire à Son-La. Le dernier chef rebelle, Deo-Van-Tri, dont les territoires touchent à la fois à la Chine et au Siam, est en ce moment à Hanoï, où il est venu faire sa soumission.

Il y a quelques années, ce pays, malgré sa pauvreté, avait tenté deux ou trois milliers de Chinois ; ceux-ci s'y étaient installés avec leurs femmes et leurs enfants et opprimaient les habitants. Les forcer par les armes à quitter cette région eût été une entreprise longue et pleine de difficultés. Très adroitement, le lieutenant-colonel Pennequin les détermina à retourner volontai-

rement chez eux en leur faisant valoir le peu de pro-
fits qu'ils retiraient de leur usurpation, en même temps
que les périls auxquels ils s'exposaient s'ils s'obsti-
naient à rester là malgré nous. On ne saurait trop
louer et remercier cet officier du service signalé qu'il
a ainsi rendu à la France. Depuis le départ des Chinois, cette immense région est absolument tranquille ;
son organisation féodale nous dispense d'y avoir une
grande quantité de troupes ; celles que nous entrete-
nons sur la frontière n'ont guère pour mission que de
prévenir, par un certain déploiement de forces, le re-
tour par trop facile d'une nouvelle invasion ; celles qui
sont à Son-La même sont surtout destinées à appuyer
notre action sur les portions du Laos détenues par les
Siamois.

Trop de Chinois, cependant, connaissent aujourd'hui
ce pays et se rappellent les succès faciles qu'ils y ont
obtenus pour que quelques-uns n'essaient pas d'y retourner ; seulement, comme ils n'opèrent que par pe-
tites bandes et qu'ils savent que la route primitivement
suivie par eux est gardée, ils prennent un chemin plus
à l'Est. Profitant de ce qu'à partir de Laokay, sur le
fleuve Rouge, la frontière n'est même pas définie, ils
se glissent le long de la rive gauche du fleuve, le tra-
versent en aval de notre poste de Traï-Hut et gagnent
le Thanh-Hoa-Dao à l'ouest de Son-La. Cette région,
relativement fertile, n'a jamais été occupée sérieusement par nous ; ses habitants sont tellement ignorants
qu'ils ne savent pas ce qui se passe à cent kilomètres
d'eux et que beaucoup ne connaissent même pas de

nom les Français; aussi les Chinois ont-ils beau jeu; ils lèvent les impôts qu'ils veulent et pillent les jonques qui naviguent sur le fleuve Rouge.

Nos postes de Daï-Lich et de Déo-Hat sont impuissants à réprimer ces malfaiteurs ; souvent même ils sont surpris par eux, car il est rare que leur approche puisse être signalée à temps. Tôt ou tard, il faudra occuper en force le pays et y demeurer assez de temps pour dégoûter les Chinois d'y venir faire des incursions.

Quant aux pillages des jonques, qui se produisent sur cent vingt kilomètres du fleuve Rouge, d'Yen-Baï à Laokay, il est à remarquer que les attaques des convois se font toujours immédiatement à l'aval ou à l'amont des nombreux rapides du fleuve, principalement à l'aval. La raison en est facile à comprendre. Pour franchir un rapide, les bateliers sont obligés de se prêter la main ; quelques-uns restent à la garde du convoi ; les autres vont et viennent d'une extrémité à l'autre, faisant successivement passer les jonques. Si les pirates surviennent, ils ne trouvent en face d'eux qu'une partie des défenseurs du convoi, et ils en ont d'autant plus vite raison, quand l'attaque se produit en aval, que quelques bateliers sont toujours tentés d'abandonner leurs bateaux au fil de l'eau pour s'éloigner du théâtre du combat.

L'autorité militaire fournit bien des escortes; mais, outre que ce service est extrêmement pénible et rend indisponible une grande quantité de troupes, on ne sait jamais à l'avance à combien d'ennemis on pourra

avoir affaire, et les escortes se trouvent parfois insuf-
fisantes. La sécurité du commerce du fleuve Rouge
serait vite assurée si l'autorité civile voulait se déci-
der à créer à proximité de chaque rapide un village
où ne seraient admis que des indigènes dûment
reconnus pour fidèles. Ils viendraient au secours
des convois à la fois pour les défendre et pour les ai-
der à franchir les rapides.

CHAPITRE V

Tout le nord du Tonkin est aussi mal connu que possible, c'est-à-dire que notre domination y est illusoire, mais ce n'est pas tout. A l'est de Laokay, notre frontière est suffisamment définie sur quarante kilomètres environ, jusqu'au village de Cao-Traï ; à partir de ce point, on savait vaguement autrefois où était à peu près la frontière ; on l'ignore totalement aujourd'hui depuis que M. Constans, sous prétexte de rectification, a signé avec la Chine une annexe au traité primitif.

« La frontière, dit la convention, part de Cao-Traï en se dirigeant droit sur l'est », et elle ajoute pour plus de précision les noms des villages qu'elle laisse d'une part à la Chine, d'autre part au Tonkin. C'est cette précision qui gâte tout ; car si on tire sur une carte la ligne ouest-est dont il est question, on trouve du côté français une partie des villages réservés à la Chine, et du côté chinois une partie des villages réservés à la France.

Il en résulte que Hoang-Si-Phi, situé à trente kilomètres sud de cette ligne idéale Ouest-Est, en territoire français par conséquent, est un poste militaire chinois, occupé par des réguliers. Le commandant du poste soutient que la frontière est plus au sud encore et envoie, de temps en temps, ses soldats excursionner droit devant eux. Il est vrai qu'il les fait rentrer prudemment aussitôt que nos garnisons de Yen-Binh, Bac-Quan et Vinh-Thuy marchent à leur rencontre ; mais ces réguliers ont amené à leur suite des irréguliers qui, eux, restent dans le pays où ils jettent le trouble et nos garnisons se fatiguent inutilement sans arriver jamais à pacifier le pays.

Il faut attendre que la délimitation de la frontière, commencée dans l'hiver 1889 par le Sud-Est, soit faite pour qu'on puisse porter remède à l'état existant.

CHAPITRE VI

Un peu au nord de Sontay commence une zone de 50 kilomètres de largeur moyenne, se prolongeant Sud-Nord sur une longueur de 200 kilomètres jusqu'à la frontière chinoise, dans laquelle nous n'avons pénétré d'une façon durable qu'en suivant deux transversales : la première sur le parallèle de Tuyen-Quan marquée par nos postes de Cho-Chu et de Cho-Moï, la seconde dans la région des lacs Ba-Be marquée par nos postes de Bac-Mu et de Cho-Ra. Cet immense territoire est sous la domination de chefs chinois qui s'y étaient établis, par la conquête, bien avant notre venue au Tonkin, véritables barons féodaux, voyant en nous des rivaux redoutables mais des égaux en droit.

Les cinq chefs principaux qui se partagent la contrée sont : Mac-Binh-Giong, au nord ; A-Coc-Thuong et Lo-Sed, dans la région des lacs Ba-Be ; Phung-Domg-Phu et Luong-Tam-Ky (celui dont il est parlé au commencement de cette étude), au Sud. Quelques-uns de leurs lieutenants, impatients du joug ou avides d'aventures pour leur propre compte, sont venus s'établir à l'Ouest et au Sud de la zone principale, à proximité des grands cours d'eau ou du delta ; ils commandent généralement à des bandes mixtes composées de Chinois et d'Annamites. Encouragées par l'exemple, un petit nombre de bandes purement annamites se sont formées aux mêmes endroits.

Ce simple énoncé des faits suffit à prouver que nous nous trouvons en présence d'ennemis qui nous céderont difficilement le terrain. Il n'est pas question de pacification mais de conquête à faire ; il faut opter entre combattre ou traiter avec le pouvoir établi.

Profitant de ce que les Chinois de cette zone s'aventurent rarement en dehors de leurs territoires, le général Bichot aurait désiré maintenir quelque temps encore le *statu quo*, en se contentant de faire surveiller les bandes par nos postes les plus voisins, marchant à leur rencontre si elles faisaient irruption chez nous, ne les poursuivant pas dès qu'elles rentraient dans leurs limites habituelles. Il est certain que cette paix relative, résultant de la reconnaissance implicite d'une frontière intérieure, aurait pu durer fort longtemps sans être sérieusement troublée.

Nos trois postes de Dong-Chau, Lienson et Thaï-Nguyen arrêtaient au sud les entreprises trop hardies des bandes mixtes sino-annamites ; Caobang jouait au nord un rôle analogue ; en ce dernier point, la proximité de la frontière amène périodiquement chez nous quantité de gens sans aveu qui viennent piller aussi bien les villages de Mac-Binh-Giong que les nôtres, mais surtout les nôtres. Plus tard, quand la pacification aurait été complète dans le restant du pays, nous aurions réuni toutes nos troupes et tenté un effort décisif.

A l'inverse des pirates dont nous nous sommes déjà occupés, ceux-ci font tête ; on est assuré de les atteindre et d'avoir avec eux un combat sérieux. Libres de toute autre préoccupation, il est hors de doute que nous eussions réussi, même avec nos effectifs restreints, à les rejeter hors de chez nous. Au commencement de 1889, le général Borgnis-Desbordes avait à peine enlevé Cho-Chu et Cho-Moï, repaires habituels de Luong-Tam-Ky et de Phung-Domg-Phu, qu'il lui fallait courir ailleurs ; aussi ces chefs établissaient-ils leurs nouveaux centres d'action à courte distance des anciens, à Phuoc-Lam et à Cui-Thuong. Notre expédition nous avait mis dans l'obligation de tenir garnison dans deux nouveaux postes, ce dont nous nous serions volontiers passés. Bac-Mu et Cho-Ra ont été occupés dans des conditions analogues. Avec ces actions successives, jamais poussées à fond faute d'hommes disponibles, nos succès étaient restés stériles ; il n'en aurait pas été de même dans l'avenir si les vues du général Bichot avaient été comprises et ses projets appliqués.

L'ex-gouverneur a préféré traiter. Selon nous, il a eu tort, et nous allons en donner les raisons, mais remarquons de suite qu'il n'est pas autorisé à se faire une arme contre l'autorité militaire de ses prétendus succès diplomatiques avec Luong-Tam-Ky ; jamais celle-ci n'a prétendu qu'il était impossible de passer des conventions avec les Chinois établis dans la zone dont nous nous occupons; elle le trouvait simplement inopportun.

Quoi qu'en pense M. Piquet, il n'est pas l'inventeur de la théorie de la pacification par le travail offert aux pirates. Bien avant lui, le résident de Tuyen-Quan avait déjà traité avec une des bandes fixées à proximité du poste. Il avait été convenu que, pour commencer, on donnerait une solde à chaque homme, puis que peu à peu on cesserait de le payer en lui procurant, au fur et à mesure, les moyens de gagner sa vie par le don de terres, de bêtes de somme et d'instruments de travail. Tous les pirates de la bande, sans exception, acceptèrent la solde ; mais dès qu'on voulut les employer à défricher, la moitié déserta. L'expérience fut cependant continuée; elle aboutit à une désertion générale le lendemain du jour où des buffles leur furent remis en vue des labourages auxquels ils avaient promis de se livrer. Le vieux proverbe : « Qui a bu boira » est toujours vrai ; les hommes ne se modifient pas aussi subitement, si tant est qu'ils puissent se modifier.

Il est vrai que le gouverneur n'a pas imité en tout le résident de Tuyen-Quan. D'après le traité passé avec Luong-Tam-Ky, celui-ci renonce, au profit du protectorat, à percevoir l'impôt sur les villages sous son commandement; par contre, lui et ses hommes restent à la solde du gouvernement, à charge par eux de maintenir la sécurité du pays. De baron indépendant,

Luong-Tam-Ky devient féal serviteur du gouverneur général ; ses soldats, nos adversaires de la veille, sont nos auxiliaires d'aujourd'hui. Le traité stipule, par grade, la solde de chaque homme de cette nouvelle milice, organisée hiérarchiquement comme un corps de troupes régulier ; il prévoit la quantité de cartouches à fournir et leur mode de remplacement.

Sans insister sur le danger qu'il y aurait à donner trop d'extension à cette méthode de pacification, qui ne manquerait pas d'éveiller les appétits des aventuriers chinois déjà trop disposés à passer la frontière, constatons seulement que la soumission de Luong-Tam-Ky nous coûte cher et constituerait dans l'avenir une lourde charge pour le budget, si les paiements stipulés étaient régulièrement opérés. Ils ne le seront pas, car l'autorité de ce chef sur ses hommes est toute morale et il la perdra forcément en se faisant notre feudataire. N'essaiera-t-il pas également de tricher ses subordonnés en leur retenant quelques piastres de leur solde, ne les mécontentera-t-il pas ? Déjà l'*Indépendance tonkinoise* (numéro du 10 janvier 1891), qui de tous les journaux du Tonkin avait prôné le plus cet essai de pacification, a publié l'information suivante :

« D'après des renseignements de source certaine, Luong-Tam-Ky paraît remplir exactement, en ce qui le concerne personnellement, les conditions de sa soumission. Mais une grande partie de ses hommes se rendent fréquemment soit du côté de Sontay, soit du côté de Phu-Lang-Thuong, pour y vendre de l'opium et se livrer à la piraterie. »

Nous sommes loin, on le voit, « du calme absolu » qu'on prétend régner dans la région de Cho-Chu, et, bien entendu, nos troupes ont évacué le poste : on n'a passé le traité que pour ça.

L'ex-gouverneur aurait également traité, dit-on, avec Phung-Domg-Phu. Nous ignorons à quelles conditions, mais elles doivent sensiblement se rapprocher des précédentes.

Une troisième convention, facile à passer et que nous nous serions plu à lui indiquer s'il avait été encore en fonction, concerne A Coc-Thuong. Ce chef consentirait à tout ce qu'on voudrait, même sans que le protectorat ait à délier sa bourse, à la condition qu'on lui rende l'exploitation des mines de fer qu'il dirigeait autrefois. Si l'autorité militaire n'a pas traité avec lui, c'est qu'elle savait que, pris au nord et au sud entre les bandes indépendantes de chefs chinois, ses anciens collègues, il aurait été incapable de tenir la parole qu'il ne demandait qu'à donner. Aujourd'hui, le Sud est « pacifié » et la tâche d'A-Coc-Thuong serait plus facile. Sérieusement, on devrait essayer dès maintenant ce que l'autorité militaire aurait tenté le jour où elle se serait sentie assez forte pour imposer, sans discussion, ses conditions.

CHAPITRE VII

La région située à l'est de Caobang formait autrefois une petite province comprenant trois cantons. L'un de ces cantons est administré aujourd'hui par nos fonctionnaires, un autre a conservé ses administrateurs chinois, le troisième n'est à personne ; ce sera affaire à la commission de délimitation des frontières de dire à qui il appartient et d'examiner en même temps si les Chinois ne détiennent pas illégitimement le canton où ils sont encore établis.

Cette région, l'une des plus fertiles du haut Tonkin, est aussi l'une de celles dont le terrain est le plus mouvementé. Ces deux qualités, la proximité de la frontière et l'absence de toute autorité française ou chinoise dans une portion du pays, étaient éminemment propres au développement de la piraterie. Une bande s'y est établie en effet ; son chef A-Cam, toujours en mouvement, pille tantôt d'un côté, tantôt de l'autre, se réfugiant au delà de la frontière s'il ne sent pas assez fort et que nos garnisons de Phu-Trung-Khan ou de Ha-Lang marchent sur lui. Parfois aussi, les garnisons de ces deux postes ne suffisent pas à l'arrêter et il s'avance audacieusement jusque dans les environs de Caobang

On voit dans quelle situation précaire se trouvent les troupes de ce poste, obligées de lutter avec Mac·Binh-Giong à l'ouest, A-Cam à l'est, et les pillards qui lui viennent du nord par intermittence. On ne pourra réellement espérer pouvoir se débarrasser d'A-Cam et des autres brigands de son espèce que quand la délimitation de la frontière sera œuvre achevée. Il est probable qu'alors les autorités chinoises joindront leurs efforts aux nôtres et que ces malfaiteurs, pourchassés à la fois des deux côtés de la frontière, finiront par disparaître.

Mais longtemps encore il faudra, par mesure de prudence, maintenir à Caobang un certain effectif de troupes ; on se fait difficilement une idée de la sauvagerie avec laquelle on se bat dans ce pays. A la fin de 1889, un des lieutenants d'A-Cam, pour terroriser les habitants et obtenir plus vite les impôts qu'il leur demandait, fit saisir deux femmes qui furent immolées, dépecées, rôties et mangées sous les yeux de leurs proches. Par contre, les indigènes ne manquent jamais, en dépit de nos efforts, d'ouvrir la poitrine et d'enlever le cœur des Chinois tués ou blessés, abandonnés sur le terrain ; manger le cœur d'un ennemi donne, disent-ils, du courage au moins brave. S'ils croient ne pas être vus, le cadavre entier y passe.

CHAPITRE VIII

PIRATES DE L'EST

Qui dit pirate dit voleur de femmes et de bestiaux; cependant, nulle part, les vols de femmes ne sont aussi nombreux que dans les villages de l'est du delta et dans ceux de la côte de Haïphong à Moncay, et quand, parfois, les garnisons de nos postes ont la chance de rencontrer une bande dans ces parages, il est rare qu'elles ne rendent pas à la liberté un nombre plus ou moins grand de prisonnières. Les voleurs sont tantôt des Annamites, tantôt des Chinois; les bandes pullulent, n'ont pas la fixité relative de celles dont nous nous sommes occupés jusqu'ici; plus que toutes les autres elles se dérobent à nos recherches et n'acceptent le combat, même ayant l'avantage du nombre, que quand elles ne peuvent pas faire autrement ou pour nous braver, si elles se croient dans une position inexpugnable.

En comparant les divers renseignements recueillis sur chacune d'elles, on constata que le nom du chinois Luu-Ky était fréquemment employé pour désigner soit le chef, soit un des principaux lieutenants d'un grand nombre de ces bandes. Un examen attentif des faits permit bientôt après de conclure que les différents Luu-Ky dont on signalait la présence tantôt à Dong-Trieu, tantôt à Kep, ou sur le haut Lach-Nam, était un seul et unique individu, inspirateur tout au moins, s'il n'était le chef incontesté des bandes de l'Est. L'enlèvement des frères Roque et les négociations entamées pour le paiement de leur rançon devaient bientôt donner un éclatant témoignage de la justesse de ces conclusions.

Pendant longtemps, le commerce d'exportation des femmes s'était fait à Haïphong même ; on les embarquait subrepticement en les habillant à la chinoise et en les faisant passer pour les épouses légitimes d'émigrants chinois rentrant dans leur pays. Une surveillance active, exercée sur les bateaux en partance, obligea les exportateurs à recourir à un autre mode d'envoi ; ils durent adopter la route de terre, plus longue et surtout moins commode. Luu-Ky est le grand entrepreneur de ce nouveau mode de transport ; des lettres, prises sur les pirates et traduites à l'état-major à Hanoï, ont levé les derniers doutes qu'on pouvait avoir sur la nature des opérations commerciales auxquelles il se livrait.

Les Célestes établis aux confins de la Chine et du Tonkin sont loin d'être la crème des populations honnêtes de l'Empire du Milieu ; ils viennent un peu de partout et ont rarement trouvé chez eux une compagne décidée à les suivre. Comme ils ne peuvent se passer de femmes, que les Annamites sont d'autre part recherchées pour leurs qualités de ménagères économes et travailleuses, ils s'en procurent en les achetant à deniers comptants. La femme annamite faisant prime sur le marché chinois et l'opium sur le marché annamite, surtout depuis que nous avons affermé la vente de ce produit, il devait fatalement se créer des agences destinées à procurer, par voie d'échange, aux uns des femmes, aux autres de l'opium.

Des négociants chinois et même des négociants européens de la province de Canton versent à l'agence les sommes qu'ils désirent consacrer à l'entrée en fraude au Tonkin d'un convoi d'opium. Au bout de quelques mois, l'affaire terminée, les intermédiaires payés, chacun reçoit la dividende qui lui revient au prorata de sa mise. Les capitalistes s'inquiétant rarement de l'emploi qu'on fait de leur argent pourvu qu'on le leur rende avec de gros intérêts, cette opération est tout aussi morale pour eux que celle qui consisterait à subventionner une entreprise de transport quelconque. Seuls les agissements des intermédiaires sont immoraux et, en principe, ils les ignorent.

L'opium acheté et prêt à être livré à Luu-Ky, celui-ci recrute les hommes qui lui seront nécessaires pour escorter son convoi, qu'il amène d'abord en un point situé à proximité du delta, quoiqu'en pleine montagne, et assez loin de nos postes pour que les fraudeurs n'aient pas à redouter un coup de main. Ils se gardent à grande distance, avec la complicité des Annamites de la région, toujours prêts, à la moindre alerte, à enlever les provisions d'opium qui ne nécessitent que très peu de porteurs. Le personnel de ce dépôt central est purement chinois.

A 30 kilomètres en avant et très proche du delta, sont deux dépôts secondaires, l'un sur la rive droite du Loch-Nam, l'autre sur sa rive gauche; ces dépôts changent quelquefois d'emplacement, mais ils ne s'écartent jamais beaucoup d'une zone déterminée dont les villages sont à la dévotion de Luu-Ky. Leur garde est confiée à un personnel mixte moitié chinois, moitié annamite.

Dans le delta lui-même, c'est-à-dire dans le pays riche, sont des bandes annamites dont Luu-Ky ne s'occupe pas; après chaque expédition, elles viennent à l'un des dépôts secondaires échanger leur butin et principalement les femmes volées contre de l'opium et contre la poudre qui leur est indispensable pour continuer leur genre de métier. Aussitôt que sept ou huit femmes ont été réunies dans les dépôts secondaires, on les dirige sur le dépôt central, qui les expédie en Chine, par convoi de vingt ou trente, pour y être vendues.

On comprend que Luu-Ky ne recherche pas les occasions de combattre : elles le détourneraient de son commerce ; mais si, chemin faisant, il trouve un beau coup à faire, il n'en néglige pas l'occasion. L'enlèvement des frères Roque près de Dong-Trieu, en décembre 1889, lui a rapporté plusieurs centaines de mille francs.

Pour tout homme impartial, il doit être évident que si nous pouvons, jusqu'à un certain point, attendre du temps la soumission des pirates de l'Ouest et du Nord,

il n'en saurait être de même de ceux de l'Est ; la tolé·
rance que nous leur montrerions ne ferait qu'augmen-
ter leur nombre. Nous sommes en présence de maichands; c'est en ruinant leur commerce que nous viendrons à bout d'eux. Le jour où les dividendes servis aux négociants de Canton iront en diminuant, il en sera de même des convois d'opium expédiés au Tonkin et les bandits annamites qui approvisionnent les Chinois de femmes enlevées à leurs compatriotes seront bien obligés pour vivre de reprendre la charrue. Mais, pour arriver à ce résultat, il faut traquer Chinois et Annamites, occuper en force les villages suspects, dépister les convois de femmes et les convois d'opium.

Pendant l'été de 1889, le reste du Tonkin étant à peu près tranquille, le général Bichot résolut de marcher contre Luu-Ky au moment où, les chaleurs touchant à leur fin, les transports d'opium allaient recommencer sur une vaste échelle grâce à l'abaissement de la température. Un mois auparavant, ainsi que c'était son devoir, il en prévint le gouverneur qui, d'après les décrets existant alors, avait qualité pour « ordonner ou arrêter, restreindre ou étendre, toute opération commencée ou non ».

La campagne devait comprendre :

1° Les opérations au nord et au sud du bas Loch-Nam, destinées à empêcher le fonctionnement des dépôts secondaires de Luu-Ky et à amener ensuite la prise de son dépôt central si c'était possible ;

2° L'envoi ultérieur de colonnes contre les bandes annamites, pourvoyeurs ordinaires de Luu-Ky, lesquelles auraient été déjà désorganisées en partie par les échecs infligés à ce dernier.

Dans les premiers jours de septembre, le commandant Pegna heurta, à trois reprises, différents détachements de Lun-Ky. Brave, intrépide, doué du véritable esprit militaire et désireux de conquérir l'ascendant moral qui nous manque souvent encore au Tonkin, le commandant Pegna aborda résolument l'ennemi au lieu de se borner à l'observer et à le suivre, comme malheureusement cela se passe trop fréquemment. Son avant-garde, dirigée par un officier trop confiant qui paya de sa vie son imprudence, tomba dans une embuscade devant le village de Lam-Thuong. Le commandant accourut, rétablit le combat et s'empara du village. Mais la rencontre avait été sanglante. Le gouverneur, que rien n'avait pu préparer aux choses de la guerre et incapable par conséquent de les comprendre, prit peur, donna l'ordre de suspendre l'opération et alla même jusqu'à télégraphier à Paris que le général avait agi sans le consulter.

Cet épisode sans importance, commenté et dénaturé de mille manières, aboutit au décret du 3 février 1890, qui enlevait aux commandants des troupes aux colonies toute espèce de responsabilité. Ce décret inutile en fait, puisque, auparavant, le gouverneur avait le droit « d'ordonner ou d'arrêter, de restreindre ou d'étendre, toute opération commencée ou non », mit en entier la direction des troupes aux mains des gouverneurs. Son efficacité est à ce point problématique qu'il était question de le rapporter le jour où les troupes de la marine passeraient à la guerre ; on va, paraît-il, se contenter de le modifier légèrement : l'expérience faite ne suffit-elle donc pas ?

Au Tonkin, il a eu pour résultat d'arrêter net toute expédition. Luu-Ky est toujours maître des deux rives du Loch-Nam et de la portion de la frontière au sud de Langson ; les affaires des négociants de Canton prospérant, ils lui ont donné des concurrents ; des agences rivales d'importation et exportation se sont établies, exploitant les chemins au nord et au sud du précédent. Au nord, les pirates nouveaux venus suivent la ligne marquée à peu de chose près par nos postes de That-Khé, Pho-Bin-Gia, Cho-Trang pour aboutir à la riche province de Yen-The, où une poignée d'Annamites vient de nous tenir en échec pendant plus d'un mois devant Hu-Thuong, qui n'a été évacué qu'après quatre tentatives d'assaut et un bombardement de deux jours. Au sud, les chemins de la côte que nous avions eu tant de peine, en 1888-89, à faire abandonner aux pirates, qui s'en servaient depuis de longues années, sont de nouveau à eux et ainsi sont réduits à néant les efforts du commandant Chiniac de La Bastide, président en 1889-90 de la commission de délimination des frontières sino-annamites.

A la fin de la campagne qu'il a si habilement dirigée, ayant à déjouer les ruses des commissaires chinois et à lutter contre l'influence du général Phong, le vainqueur de Langson, qui commande toujours les troupes chinoises de la frontière, on pouvait espérer

que, l'abornement terminé, les autorités françaises et
chinoises se seraient prêtées un mutuel concours pour
arriver à éteindre la piraterie. Nous n'avons rien fait
dans ce but : comment pourrions-nous demander aux
Célestes de faire quelque chose de leur côté? Pour
mieux accentuer l'incapacité des militaires à combattre ou à négocier, on a retiré au commandant de La
Bastide, qu'on avait cependant couvert de félicitations,
la présidence de la commission d'abornement. A l'avenir, celle-ci sera purement civile ou à peu près.

Ce que nous avons dit de l'indétermination de quelques points de la frontière et des résultats qu'elle en-
traîne aurait dû faire comprendre combien il importait
au contraire de renforcer l'élément militaire au sein
de cette commission.

Voilà les pirates que M. Piquet parle de soumettre
en leur octroyant des faveurs! Pour ceux du Nord,
passe encore, c'est affaire d'appréciation ; mais les
pirates de l'Est !

Un de nos compatriotes, le mieux placé assurément
pour savoir la meilleure utilisation à faire des Chinois,
pirates ou non, puisque ancien officier français il a été
général en Chine, M. Schœdelin, concessionnaire des
mines de houille de Dong-Trieu, se refuse énergique-
ment à admettre sur ses chantiers un seul de ces brigands.

Dans son numéro du 10 décembre 1890, l'*Indépendance tonkinoise* ne tarissait pas d'éloge sur le compte
du général Schœdelin, qui avait accepté, disait-elle, les
offres de service de Luu-Ky « estimant qu'il valait

mieux l'avoir comme serviteur intéressé que d'avoir à le craindre comme chef de bandits », et elle ajoutait que le résident-maire de Haïphong attendait un des lieutenants de Luu-Ky pour traiter définitivement des conditions de sa soumission. Le général, n'entendant pas les choses de cette façon, demande une rectification ; le journal se dérobe, déplore l'aveuglement du concessionnaire de Dong-Trieu, et, le 17 janvier seulement, il insère sa lettre rectificative, adressée cette fois par *ministère d'huissier*.

« Il n'est pas vrai, y lit-on, que j'ai accepté les services du chef de bande Luu-Ky. Je suis complètement étranger aux négociations qui auraieut pu être faites *en mon nom* auprès de ce personnage.

M. Piquet a donc une foi si grande dans ses théories, il les croit tellement bonnes, qu'il essaie d'en faire l'application sur les chantiers et aux dépens des colons sans même les consulter.

Pour purger le massif de Dong-Trieu des hôtes dangereux qui l'exploitent, M. le général Schœdlin estime sans doute avec nous qu'il est plus sûr d'envoyer des coups de fusil à Luu-Ky que de traiter avec lui.

PIRATES DU DELTA

Le delta peut être considéré comme pacifié, non que la sécurité y soit complète, il n'en est malheureusement rien, mais en ce sens qu'il n'y existe plus de bande organisée et tenant campagne. Il est facile de se rendre compte que la proximité des bandes voisines y perpétue un état-de trouble permanent, d'abord parce qu'elles y pénètrent de temps en temps pour piller, ensuite parce que leur proximité même est pour tout criminel ou voleur isolé la certitude de trouver un asile inviolable en s'engageant dans leurs rangs.

Les anciennes bandes du delta se composaient de révoltés prétendant agir au nom des rois légitimes de l'Annam. Telle était la dernière disparue, celle du Doc-Tich, contre laquelles le résident supérieur réunit dans le courant de 1889 mille ou douze cents gardes civils de sa police. Le Doc-Tich régnait en maître dans l'ile des Deux-Songs, à quelques kilomètres d'Haïphong; sa bande fut dissoute; cependant, bien que l'ile eût été bloquée par les chaloupes de la flotte et de la douane, on ne fit qu'un petit nombre de prisonniers.

Un peu plus tard, le Kam-Saï, Hoang-Kao-Kaï, aujourd'hui Kinh-Luoc (vice-roi) du Tonkin, parcourut tout l'est du delta à la tête d'une forte colonne de gardes civils et d'auxiliaires indigènes, pour étouffer les derniers germes de rébellion qui paraissaient rester dans le pays. Quand, plusieurs mois après, le Doï-Van essaya de les ranimer, c'est à peine si quelques partisans se rangèrent autour de lui; il gagna alors le Yen-The, espérant y recruter des pirates de profession qu'il aurait lancés sur le delta. Peut-être eût-il réussi dans son entreprise si, précisément, à ce moment, une colonne de troupes régulières n'avait été en opération dans cette province; les pirates, ayant assez à faire chez eux, ne furent pas tentés de se ranger sous sa bannière, et le Doï-Van, abandonné de tous, se livra. Il eut la tête tranchée à Hanoï.

Les opérations comme celle qui a été dirigée par le Kham-Saï ont reçu le nom singulier de *tournées de police ;* on y décapite des gens, on extorque de l'argent à d'autres, les chefs s'enrichissent, mais on s'y bat fort peu. Néanmoins, quand on les fait dans un pays à peu près soumis, leurs résultats sont fort appréciables, à la condition qu'il n'y ait pas dans les environs une bande recrutée parmi les indigènes de la région; car, à peine les forces de police auraient-elles tourné le dos que ceux-ci reviendraient.

A plus forte raison ne peuvent-elles avoir aucune utilité pratique dans les contrées pauvres, montagneuses et où les habitants sont très disséminés. Là, il faut à chaque pas se garer des embuscades et se battre ferme ; les tournées de police y feraient très mauvaise figure. M. Piquet s'en est cependant enthousiasmé à ce point qu'il écrivait en France, après la prise du Doc-Tich « qu'en employant cette même méthode dans la région de Caobang (!) il espérait avoir promptement raison des bandes qui existent encore près de la frontière chinoise ».

Ce seul trait, pris en mille, suffit pour donner une idée des aptitudes guerrières de l'ex-gouverneur, pour montrer combien sont fausses ses appréciations sur les différents genres de pirates du Tonkin et pour faire sentir le danger que court un pays quand il investit un tel homme d'un commandement militaire.

La côte au sud d'Haïphong est basse, le delta du fleuve Rouge gagne chaque année sur la mer, tandis que, plus haut, les terrains laissés jadis à découvert passent peu à peu de l'état de marécages à celui de fertiles rizières. La côte nord au contraire est haute, formée de rochers à pic que les bateaux du plus fort tonnage longent impunément à une distance insignifiante. Quand l'état de la barre empêche les navires venant d'Europe de remonter le fleuve, ceux ci vont s'abriter dans la baie d'Along, laquelle, limitée de toutes parts par des montagnes à parois verticales, ne manque jamais d'exciter l'admiration des nouveaux arrivants. La constitution géologique de la côte fait qu'elle est découpée en une infinité de criques; c'est aussi par milliers qu'on compte les îles et les récifs qui la séparent de la haute mer.

La fraude et la piraterie y fleurissent en raison même des difficultés que la nature semble avoir élevées à leur répression.

Le rendez-vous des pirates de mer, leur marché d'échange, est la grande île de Cac-Ba. En 1890, le nouveau résident supérieur, jaloux des lauriers récoltés par son prédécesseur en s'emparant du Doch-Tic, décida de procéder à l'égard de la Cac-Ba comme on l'avait déjà fait pour l'île des Deux-Songs. Il dirigea lui-même l'opération, mais ne prit qu'un nombre insignifiant de pirates. Les écumeurs de la mer ou des côtes n'agissent jamais, en effet, que par très petits groupes; ils sont pauvres et le matériel naval leur manque. Leur extrême division les rend pour ainsi dire insaisissables; il eût été extraordinaire qu'ils fussent nombreux à la Cac-Ba au moment juste où on la cernait.

On ne s'en débarrassera qu'à la longue, en renforçant beaucoup les forces navales de la douane.

CONCLUSION

Nous ne sommes plus au temps où le Tonkin appa-
raissait à la masse du public français comme la plus
malsaine et la plus improductive de nos colonies. Nos
soldats, nos marins, nos commerçants l'ont visité en
grand nombre et ont fait justice des exagérations sous
lesquelles on cachait la vérité. Le Tonkin est fertile,
son climat est bon, il est habité par une population
nombreuse, intelligente, travailleuse, et sa possession
pourrait nous récompenser un jour des efforts que nous
avons faits pour la conquérir. C'est dans le but de hâter
ce moment que nous avons publié cette étude.

Les pirates, c'est-à-dire le seul obstacle qui s'oppose
encore à la mise en valeur complète du Tonkin, sont
toujours très nombreux, mais quelle différence avec
autrefois! Jadis, ils étaient partout; ce que nous avons
dit d'eux montre combien ils ont dû diminuer puisqu'il
nous a été possible de les cataloguer. Une autre cons-
tatation très rassurante consiste dans l'isolement absolu des bandes ou des groupes de bandes. Vis-à-vis
un ennemi aussi divisé, nos succès devraient être rapides et certains si nous agissions avec méthode et
vigueur.

On embrouille malheureusement la question de la

pacification avec celle de la prééminence du pouvoir civil sur le pouvoir militaire. Les fonctionnaires civils, jaloux de leur autorité et craignant de la voir leur échapper s'ils avouent que le Tonkin est loin d'être pacifié complètement, accumulent les fautes, cachent tant qu'ils le peuvent les révoltes des indigènes et les échecs de leurs gardes civils. Au lieu de profiter des renseignements recueillis sur les pirates par le corps d'occupation, ils préfèrent contester en bloc leur véracité, sans, d'ailleurs, rien mettre à la place. Le temps, disent-ils, amènera la pacification.

Nous ne sommes pas de leur avis, et les dernières nouvelles du Tonkin montrent qu'en effet le mal va en empirant.

Quand, après avoir dédaigné les conseils du général en chef, M. Piquet se rendit compte enfin, dans le courant de l'automne dernier, que, s'il persévérait dans la voie suivie par lui jusque-là, il compromettrait irrémédiablement nos intérêts en extrème Orient, il rendit au général Bichot sa liberté d'action. Les circonstances étaient trop graves pour que le général pût faire autre chose que de courir au plus pressé. Quelques actions vigoureuses dégagèrent les régions les plus compromises, un calme relatif fut rétabli, puis l'ex-gouverneur général reprit son autorité et il ne fut pas plus question qu'auparavant d'user des procédés méthodiques qui nous assuraient le succès définitif. Bien au contraire, le gouverneur proposa de réduire encore les effectifs. La récente affaire de Hu-Thuong, pour laquelle « on a été obligé, dit *l'Avenir du Tonkin*, de mettre sur pied 1,400 hommes dont 40 officiers, c'est-à-dire 100 hommes de plus qu'il n'en a fallu jadis au général de Négrier pour battre 15,000 Chinois à Bang-Bo », témoigne des tristes résultats de la politique qui a été en faveur jusqu'à présent.

Pour voir clair dans les choses du Tonkin, il faudrait ne pas s'inquiéter de savoir qui commandera des civils ou des militaires et n'examiner que la question : la colonie est-elle pacifiée ? Si elle l'était réellement, aucun militaire, croyons-nous, ne songerait à réclamer une prééminence dont il n'a cure.

L'obligation faite aux officiers supérieurs de rendre visite les premiers aux résidents, très jeunes gens pour la plupart, n'a soulevé aucun conflit, bien qu'elle parût blessante à beaucoup de militaires. Certains résidents au contraire ont parfaitement su s'affranchir de la visite qu'ils devaient au général. Comment en eût-il été autrement avec les exemples partis de haut qu'ils avaient sous les yeux. La veille de son arrivée à Hanoï, le gouverneur avait demandé à être reçu avec tous les honneurs militaires dus à sa qualité et annoncé qu'il débarquerait « à 7 ou 8 heures du matin ».

La chaleur est grande à Hanoï, même à cette heure matinale ; pour ne pas y exposer trop longtemps les troupes, le général prit sur lui d'ordonner qu'elles seraient en place à 7 h. 30. A 7 h. 20, la chaloupe du gouverneur est signalée ; le général le fait aussitôt prévenir des ordres donnés et de leur motif ; M. Piquet débarque quand même immédiatement et sa voiture croise en route les troupes se rendant aux emplacements qui leur avaient été assignés. Toute une garnison a été dérangée pour faire honneur à un fonctionnaire, et ce fonctionnaire n'y prête aucune attention. Tels furent les premiers rapports de politesse échangés à Hanoï entre l'armée et l'ex-gouverneur.

Si les militaires acceptent assez facilement de s'incliner devant les administrateurs territoriaux, ils prétendent en revanche être plus à même qu'eux de savoir comment doit être menée une campagne dans une province révoltée. Que dès le début des hostilités on fasse appel à leur concours, tout marchera parfaitement ; au lieu de cela, on essaie d'abord des gardes civils et quand ceux-ci ont été battus, que les choses sont bien gâtées, on cède la place à l'armée en rechignant, en lui mesurant parcimonieusement ses approvisionnements, en lui interdisant toute réquisition, en l'empêchant de se battre en un mot. Il n'est donc pas étonnant que les militaires se plaignent des tracasseries dirigées contre eux et réclament le droit commun au Tonkin comme en France, que la *France Militaire* préconisait dans son numéro du 8-9 mars 1891 : « Que le gouverneur, dès que ses forces de police sont impuissantes, proclame l'état de siège partout où il le jugera utile, qu'on rende aux commandants des troupes aux colonies la faculté de s'approvisionner, de se renseigner, de réquisitionner les indigènes dans les territoires en état de siège, et les choses iront le mieux du monde. »

Malheureusement, ceux qui préconisent ces idées

n'ont pas voix au chapitre. La loi de recrutement de 1872 a mis l'armée en dehors de la politique et, dans un pays de suffrage universel comme la France, celui qui n'est pas électeur n'est rien. Peu à peu, on a éliminé les militaires de la Chambre des députés, du Sénat, du conseil des Ministres; la presse politique quotidienne se méfie d'eux et un journaliste qui se dit militaire a pu écrire : « Le public, que les rivalités politiques et militaires agacent, s'énerve à la pensée que la pacification du Tonkin dépend des rapports de ses représentants. Les troupes ne sont plus au Tonkin pour expéditionner et y gagner des grades, des croix et des médailles ; elles y sont en garnisaires pour en imposer aux populations soumises. »

Le nœud de la question est là précisément ; les populations, hélas ! ne sont pas soumises. On peut en juger d'après les citations suivantes de l'*Avenir du Tonkin*.

« Dans la nuit du 4 au 5 janvier 1891, les pirates ont attaqué un village du Huyen de Than-Tri dans le phu de Thuong-Tinh attenant au territoire de la ville d'Hanoï. D'Hanoï, on a entendu la fusillade des pirates et l'on a vu les lueurs de cet incendie assez rapproché.

» Le 5 janvier au soir, des pirates sont arrivés jusqu'aux portes d'Hanoï, au village de Huc-Nam, ont brûlé quelques caïnhas et emmené du bétail. »

On met constamment en avant le précepte romain : *Cedant arma togæ;* mais les Romains n'attendaient pas que les Volsques fussent à la porte de Rome pour nommer un dictateur, c'est-à-dire un général en chef armé de tous les pouvoirs, et ce cas paraît s'appliquer singulièrement à Hanoï.

D'où peut venir le secours ?

M. Etienne, sous-secrétaire d'Etat aux colonies, n'a eu d'oreilles jusqu'ici que pour l'ex-gouverneur, le seul fonctionnaire d'après les décrets en vigueur qui ait la correspondance avec le gouvernement. Il croit à la toute-puissance des *tournées de police*, à la pacification par le travail procuré aux pirates, et il le dit au rédacteur de l'*Armée coloniale*, qui est allé l'interviewer :

« Les milices sont nécessaires à la police du delta. Les indigènes, sous ce rapport, sont préférables à l'Européen. Je vous citerai telle expédition, conduite par des miliciens sous la direction d'un haut mandarin annamite, qui produisit, en quelques jours, les résultats les plus étonnants pour la pacification d'une région. Du reste, le meilleur agent de pacification sera la construction de routes, de chemins de fer, de voies de communications nombreuses qui, occupant les bras oisifs, diminueront d'autant les effectifs de la piraterie. »

Les Ministres pensent sans doute comme le sous-secrétaire d'Etat et comme le gouverneur général.

Les membres du Parlement, dans l'impossibilité de se faire une opinion assise sur des certitudes, hésitent à intervenir.

Il faut donc que ceux qui ont vu l'Indo-Chine disent ce qu'ils y ont appris. C'est pourquoi, à l'affirmation sans preuves des fonctionnaires civils que le Tonkin est soumis, nous avons opposé les faits eux-mêmes, qui témoignent du contraire et montrent qu'en s'en tenant aux errements actuels la pacification n'aura pas fait un pas dans vingt ans, tandis *qu'en deux années, trois années au plus, elle peut être complète, sans que le corps d'occupation ait été renforcé d'un homme.*

A nos concitoyens de choisir.

FIN

Paris et Limoges. = Imp. milit. Henri CHARLES-LAVAUZELLE.

Carte de la « Piraterie au Tonkin » au $\frac{1}{2,000,000}$ (0ᵐ001 pour 2ᵏᵐ)

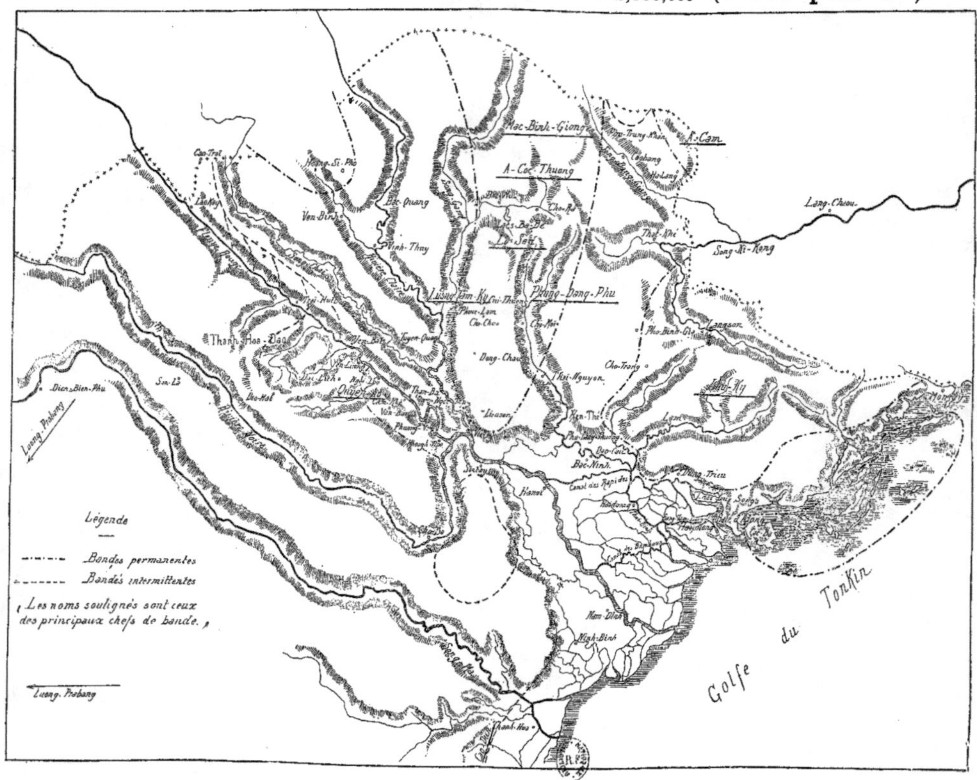